MISIONES DE CALIFORNIA

La Misión de Santa Inés

SOFÍA NUÑES

TRADUCIDO POR CHRISTINA GREEN

Cavendish Square
New York

Published in 2016 by Cavendish Square Publishing, LLC
243 5th Avenue, Suite 136, New York, NY 10016

First Edition

Library of Congress Cataloging-in-Publication Data

Nuñes, Sofía
La Misión de Santa Inés / Sofia Nuñes, translated by Christina Green.
pages cm. — (Las misiones de California)
Includes index.
ISBN 978-1-5026-1156-7 (hardcover) ISBN 978-1-5026-1164-2 (paperback) ISBN 978-1-5026-1146-8 (ebook)
1. Santa Inés Mission (Solvang, Calif.)—History—Juvenile literature. 2. Spanish mission buildings—California—Solvang—History—Juvenile literature. 3. Franciscans—California—Solvang—History—Juvenile literature. 4. *Chumash* Indians—Missions—California—Solvang—History—Juvenile literature. 5. California—History—To 1846—Juvenile literature. I. Title.

F869.S487N85 2015
979.4'91—dc23

Editorial Director, Spanish: Nathalie Beullens-Maoui
Translator: Christina Green
Editor, Spanish: Maria Cristina Brusca
Art Director: Jeffrey Talbot
Designer: Douglas Brooks
Photo Researcher: J8 Media
Production Manager: Jennifer Ryder-Talbot
Production Editor: David McNamara

The photographs in this book are used by permission and through the courtesy of: Cover photo by Stephen Saks/Lonely Planet Images/Getty Images; Witold Skrypczak/Lonely Planet Images/Getty Images, 1; Richard Cummins/Lonely Planet Images/Getty Images, 4; De Agostini/A. Dagli Orti/Getty Images, 6; Marilyn Angel Wynn/Nativestock/Getty Images, 7; © Ann Thiermann, 8–9; Courtesy of UC Berkeley, Bancroft Library, 10; © 1998 Kayte Deioma, 11; Science & Society Picture Library/SSPL/Getty Images, 12; © 2014 Pentacle Press, 13; Howcheng/File:Smaller Junipero Serra statue, Mission San Buenaventura.JPG/Wikimedia Commons, 14; Francisco de Zurbarán/File:Francisco de Zurbarán - Santa Inês.jpg/Wikimedia Commons, 16; © Pentacle Press, 18; Courtesy CMRC, 20; © Pentacle Press, 24–25; Junkyardsparkle/File:Joseph John Chapman and Gaudalupe Ortega y Sánchez c1847.jpg/ Wikimedia Commons, 27; © Pentacle Press, 29; Courtesy of UC Berkeley, Bancroft Library, 32–33; Library of Congress Prints and Photographs Division, 34; Witold Skrypczak/Lonely Planet Images/Getty Images, 41.

Printed in the United States of America

MISIONES DE CALIFORNIA

Contenido

La Misión de Santa Inés fue una de las últimas misiones construidas en California.

1
Exploradores en California

La Misión de Santa Inés se encuentra en la ciudad de Solvang. Sus edificios son un recuerdo viviente del sistema misionero que alguna vez dominó la costa del Pacífico, atrayendo a pioneros, **frailes** y nuevas ideas a estas tierras. Santa Inés fue la décima novena de las veintiuna misiones construidas en *Alta* California. La vasta historia de la misión, llena de duras pruebas y triunfos, fue parte de una nueva era en la vida de California.

EL IMPERIO ESPAÑOL

El siglo XVI fue una época de exploración para muchos países europeos. A la cabeza de ellos estaba España, un país con enorme poder sobre el resto del mundo conocido en ese entonces. Los **conquistadores** españoles exploraron una extensa área del continente americano, buscando riquezas y una nueva forma de vida. También encontraron pueblos indígenas y supusieron que poseían grandes tesoros. Los exploradores seguían las huellas de Cristóbal Colón, quien en 1492 accidentalmente había "descubierto" el Nuevo Mundo (Norteamérica, Centroamérica y Suramérica) en una expedición que realizó por encargo de España. Durante siglos, el **Imperio** español en el continente americano se extendió desde los desiertos del suroeste de Norteamérica, hasta la cordillera de los Andes, en Suramérica. Este territorio se llamaba Nueva España.

En el siglo XVII, Hernán Cortés y otros conquistadores recorrieron el continente americano reclamando tierras para España.

Dondequiera que fueran los **colonizadores** españoles, difundían la cultura española y la religión católica.

En 1542, los españoles reclamaron California. Este fue el último territorio anexado por el Imperio español, convirtiéndose en parte de Nueva España. En esa época, "Las Californias" abarcaban lo que es ahora California y la Península de *Baja* en México. Estaba dividida en dos partes: Alta y Baja California.

Sin embargo, para la década de 1760, España aún no había construido ningún **asentamiento** en Alta California. Las dos razones más importantes, para no establecer comunidades, fueron que en esa región no habían encontrado riquezas ni un río que comunicara el océano Atlántico con el Pacífico.

En 1768, los españoles se enteraron de que Inglaterra y Rusia deseaban establecerse en Alta California. Luego de fundar colonias en Alaska, los comerciantes de pieles y exploradores rusos comenzaron a desplazarse cada vez más hacia el sur, a lo largo de la costa. Quien ocupara la costa controlaría las rutas comerciales del océano Pacífico. El Gobierno español temía perder este importante territorio, debido a los rusos; así que decidió actuar.

Los españoles planificaron construir una cadena de misiones a lo largo de la costa de Alta California. Enviarían frailes españoles para convertir a los indígenas, y soldados que los protegieran. Para ese momento, España ya había construido misiones en otros sitios, porque pensaba que era una buena manera de ocupar un nuevo territorio.

2
Los *chumash*

Cuando los españoles llegaron por primera vez a Alta California, ya vivían allí muchas tribus de nativos de la región. Más de 100 grupos diferentes ocupaban las tierras, cada uno con su propio idioma o **dialecto**, identidad y territorio. Los indígenas que vivían cerca de donde se construiría la Misión de Santa Inés se llamaban *chumash*.

TRIBUS DE LA COSTA

Alguna vez la tribu *chumash* vivió a lo largo de la costa del sur de California. Como eran tan dominantes y se consideraban la tribu más antigua de California, se llamaban a sí mismos el Primer Pueblo. Por lo general, no eran violentos, amaban la música y la hacían parte de su vida. Cantaban en las celebraciones, tales como el nacimiento de un bebé y para curar enfermos, ir de cacería, ir a la guerra y durante la cosecha. Sus instrumentos musicales incluían sonajeros que hacían con caparazones de

Este *tomol*, o canoa ceremonial de los *chumash*, está tallado con imágenes vistas en sueños.

Los *chumash* vivían en prósperas aldeas diseminadas por California. En cada aldea había muchas familias y cada persona ayudaba a la comunidad a sobrevivir.

tortuga, silbatos tallados de troncos y huesos de aves e instrumentos de cuerda similares al arco que usaban para cazar.

Los *chumash* también eran hábiles artesanos. Tejían finas cestas y las usaban para almacenar, hacer ofrendas o regalar. Otras tribus también hacían mantas con pieles de animales, pero los *chumash* eran conocidos por insertar plumas en las hermosas mantas que hacían. Después, cuando residieron en la Misión de Santa Inés, usaron sus habilidades con gran éxito.

VIVIENDA Y TRANSPORTE DE LOS *CHUMASH*

Los *chumash* habitaban en viviendas con forma de domo, usualmente muy grandes. Algunas albergaban hasta cuatro familias, mientras otras tenían espacio para cincuenta personas. Con ramas de sicomoro o sauce hacían la armazón de estas casas, usando costillas de ballenas

para construir las puertas.

Las canoas, llamadas *tomols* en su idioma, eran tan importantes para los *chumash* de la costa como los caballos lo fueron para los indígenas de las planicies. Construían los *tomols* con madera que traían desde las montañas. Estas canoas, que utilizaban principalmente para salir de pesca, podían transportar de 12 a 20 personas.

CAZADORES Y RECOLECTORES

Además de pescar, los *chumash* cazaban animales y recolectaban bayas, semillas y nueces. La caza y la recolección siempre habían sido la forma de alimentación de los indígenas, pero estos métodos no siempre suministraban una fuente constante de alimento. A veces la tribu pasaba hambre. Los *chumash*, al igual que otros grupos nativos, vivían en armonía con la naturaleza, comiendo todo lo que encontraban en

Muchos grupos nativos, incluyendo los *chumash*, pescaban y cazaban para comer.

estado silvestre. No sembraban ni criaban ganado, tampoco talaban los bosques ni mataban poblaciones enteras de animales.

Lo único que sembraban los primeros habitantes de California era el tabaco que fumaban, masticaban y comían. Los líderes espirituales o *chamanes,* quienes según las creencias indígenas tenían poderes especiales, también lo usaban en sus ceremonias para curar a los enfermos.

CEREMONIAS

Las ceremonias desempeñaban un papel importante en la vida de los indígenas. Por ser cazadores y recolectores, los *chumash* vivían cerca de la naturaleza; así que sus ceremonias marcaban momentos importantes del año. Estos incluían la época de la cosecha, el solsticio de invierno y el regreso de la primavera. Usaban **amuletos**, hechos de piedras pintadas, para tener suerte en sus expediciones de pesca y caza. Los chamanes también usaban estas piedras. El chamán era una persona importante en la tribu porque, según sus creencias, era el medio de comunicación entre los humanos y el mundo espiritual. Aunque algunas tribus indígenas incineraban a sus muertos, los *chumash* enterraban a la mayoría de sus miembros, excepto a las personas muy importantes.

Los *chumash* también creaban dibujos y pinturas, llamados pictogramas, en las paredes de las cuevas cercanas a los lugares donde vivían. Los pictogramas contaban historias de su estilo de vida y creencias. Las primeras pinturas eran de carboncillo negro; pero con el tiempo las fueron haciendo con más colores, los cuales elaboraban a partir de distintas rocas y minerales. Usaban el carbón para hacer pintura negra; y con un mineral, llamado hematita, hacían pintura roja. Hoy en día, esas pinturas todavía pueden verse en las montañas de Santa Inés.

Los *chumash* de Santa Inés aún conservan las tradiciones de sus ancestros.

3
El sistema de misiones

En la visión de los misioneros, el principal objetivo de las misiones era **convertir** a los indígenas al cristianismo. Los europeos que encontraron a los pobladores nativos los consideraron paganos, es decir, no cristianos, por no compartir las mismas creencias religiosas ni tradiciones. También llevaban un estilo de vida más libre, usaban poca ropa o andaban desnudos; no cultivaban y tampoco vivían en casas permanentes. Por lo tanto, el rey de España y los líderes de la Iglesia católica consideraron que Dios les había encomendado la tarea de convertir a los indígenas y protegerlos. Una vez convertidos, se suponía que los nativos realizaran labores cristianas, como construir los edificios de las misiones, cultivar la tierra y criar el ganado. Las misiones serían como hogares e instituciones "civilizadas" donde se les enseñaría a los nativos a ser ciudadanos españoles. Sin embargo, en vez de mejorar las vidas de los indígenas, el sistema misionero dañó una cultura floreciente y una forma de vida que había sido celebrada por miles de años.

La llegada de los españoles, en el siglo XVI, eventualmente dañaría la cultura indígena.

EL SISTEMA MISIONERO DE ALTA CALIFORNIA

En un lapso de cincuenta y cuatro años, los españoles construyeron veintiuna misiones a lo largo de la costa de California. La primera de ellas fue San Diego de Alcalá, fundada en 1769. Como había convertido a numerosas personas en las misiones establecidas anteriormente en Baja California, le dieron a fray Junípero Serra la tarea de fundar y dirigir las misiones de Alta California. La última fue la Misión de San Francisco Solano, fundada en 1823. Al terminar de construir todas las misiones, cada una quedaba a un día de distancia a caballo de la siguiente; y estaban ubicadas en las mejores tierras para la agricultura. Combinadas, formaban una cadena a lo largo de la costa californiana, siguiendo una ruta llamada *el Camino Real*. Este camino les daba a los

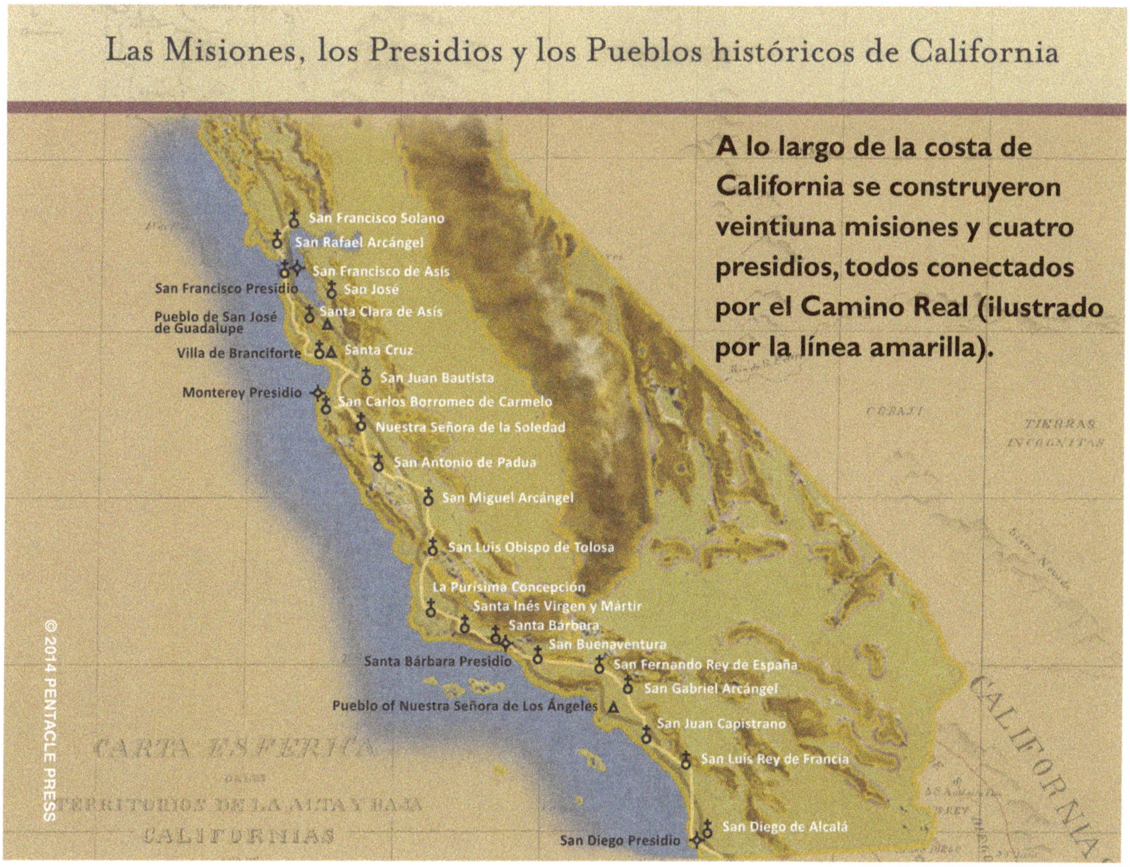

Fray Junípero Serra fue el primer líder de las misiones de Alta California.

viajeros un pasaje seguro para ir de una misión a otra. Eventualmente cerca, o en los alrededores, de las misiones surgieron pequeños pueblos. Las comunidades de la misión comerciaban las cosechas, el ganado y otros bienes con las personas residentes en los *pueblos*.

En conjunto, las veintiuna misiones albergaban a cientos de indígenas que se habían convertido al cristianismo. Estos **neófitos**, o personas recién convertidas, debían seguir reglas estrictas dictadas por los *frailes*, o frayes, a cargo de las misiones. No siempre era fácil, y algunos neófitos eran castigados por no hacer lo que se les ordenaba. Los frailes pensaban que cuando los indígenas aprendieran los usos y costumbres de España, podrían devolverles las tierras para que ellos las manejaran. Desafortunadamente, eso no sucedió. El sistema misionero cambió la vida de los nativos para siempre.

4 La fundación de la misión

Cuando los frailes le pidieron al Gobierno español que construyera una nueva misión, ya había dieciocho misiones en Alta California. La mayoría de ellas se ubicaba a un día de distancia a caballo, sobre el Camino Real. La razón para construir otra misión era sencilla: dos de las ya existentes, Santa Bárbara y La Purísima Concepción, estaban muy separadas. Muchas familias nativas vivían entre ambas; y los frailes de Nueva España deseaban construir una misión tierra adentro, ubicada más cerca de estas dos, para poder convertir a esas familias al cristianismo. Una nueva misión también expandiría el territorio perteneciente a España.

ENCONTRAR UN BUEN SITIO

En 1798, fray Esteban Tapis, quien luego fue presidente de las misiones desde 1803, había salido en busca de una buena ubicación para la nueva misión. Iba acompañado de soldados experimentados que habían explorado otras partes de California. Inicialmente, se escogieron dos lugares como posibles sitios de la nueva misión. El primero era una aldea indígena o *ranchería* llamada Calahuasa. Al construir una misión en ese sitio podría atenderse a la población nativa y al mismo tiempo servir de barrera a un grupo hostil de indígenas, llamados *tulares*, que vivían al norte.

La segunda opción era un lugar en una loma alta cerca del río

Santa Ynez. En esa época el gobernador había muerto y su sucesor, José de Arrillaga, deseaba investigar ambos sitios antes de tomar una decisión. Finalmente, escogió la ubicación cercana al río. Era un bello lugar, rodeado de montes cubiertos de robles. Los *chumash* lo llamaban *Alajulapa,* que significaba "rincón". Allí, la tierra ofrecía árboles para la madera, buenos suelos para cultivar y mucha agua dulce para beber. Todo lo que los misioneros necesitaban para sobrevivir estaba allí, a su disposición.

La Misión de Santa Inés fue nombrada así en honor a Santa Agnes, una joven mártir del siglo IV..

Fray Tapis llegó al sitio, en 1804, con varios soldados y neófitos procedentes de las misiones de Santa Bárbara y La Purísima Concepción. Durante esos años, había un pequeño grupo de nativos que deseaban que los misioneros abandonaran la zona; por eso habían herido, e incluso asesinado, a los colonos que vivían cerca de las otras misiones. Los soldados ayudarían a operar y construir la Misión de Santa Inés, así como a protegerla de cualquier ataque. Antes de la fundación oficial, en el transcurso de seis meses, frailes, soldados y neófitos construyeron varias edificaciones. También construyeron un refugio con malezas para las ceremonias de la fundación.

El 17 de septiembre de 1804, la Misión de Santa Inés se convirtió en la décima novena misión establecida en California. Fray Tapis celebró la primera misa y ceremonia religiosa, con la ayuda de los frailes Marcelino Ciprés, José Antonio Calzada y José Romualdo Gutiérrez. Con esta ceremonia se confirmaba que la misión establecida allí era de Dios, pero también pertenecía a España. Por asombroso que parezca, casi doscientos *chumash* asistieron. Sentían curiosidad por ver qué estaban haciendo los españoles en esas tierras. Ese día, los frailes bautizaron a veintisiete niños indígenas. Además, quince *chumash* adultos manifestaron su interés por aprender el catolicismo.

La mayoría de las misiones estaban dedicadas a los santos de la Iglesia católica; y esta misión se dedicó a santa Inés (Saint Agnes), una **mártir** cristiana que vivió en Roma en el siglo IV. Santa Inés fue condenada a muerte a la edad de trece años porque se negó a abandonar su fe cristiana. La leyenda cuenta que le devolvió la vista a un ciego con sus plegarias. Santa Inés sigue siendo una de las santas católicas más veneradas.

CRECE LA POBLACIÓN

Las familias de los veintisiete niños bautizados fueron a vivir a la Misión de Santa Inés, porque su bautismo en la fe católica les permitía vivir allí. Muchos miembros de esas familias, y otros de la tribu *chumash*, ayudaron a construir la iglesia de la misión y las demás edificaciones. Para finales del primer año, 112 *chumash* se habían convertido al cristianismo. Un total de 570 neófitos, procedentes de otras misiones y de las tribus vecinas, habitaban en la Misión de Santa Inés.

LOS FRAILES TAPIS, CALZADA Y GUTIÉRREZ

Santa Inés fue la única misión fundada por fray Tapis, quien era conocido por sus talentos musicales y por enseñarles a los neófitos a cantar y tocar instrumentos totalmente nuevos para ellos. Por ser el presidente de las misiones (después de fray Fermín de Lasuén, el segundo presidente del sistema misionero), fray Tapis no se quedó a dirigir las operaciones en la Misión de Santa Inés. Fueron los frailes Calzada y Gutiérrez quienes asumieron esa tarea por estar entre los primeros residentes de la misión. Tanto fray Calzada como fray Gutiérrez trabajaban arduamente y creían en construir edificaciones resistentes. Los frailes les enseñaron a los indígenas a hacer viviendas de adobe y los métodos para cultivar la tierra.

Fray Calzada estuvo en la misión hasta su muerte en 1814. Con los años, la Misión de Santa Inés fue dirigida por otros diez frailes. Algunos de ellos murieron y fueron enterrados en la iglesia de la misión.

En cada misión, los frailes les enseñaban a los hombres, mujeres y niños a construir y cuidar la misión.

5
Los primeros días en la Misión de Santa Inés

Poco después de fundar la Misión de Santa Inés, los soldados y neófitos comenzaron a construir edificios permanentes. Estas edificaciones estaban hechas de adobe con **techos de paja**. El adobe, utilizado en todas las edificaciones de la misión, es un ladrillo de barro, agua y paja que se pone a secar al sol. Estos edificios se parecían a los primeros construidos antes de consagrar la misión. Hacia fines de 1806, ya había en la misión una iglesia temporaria, una sacristía (donde se guardaban los objetos sagrados), un granero (para almacenar los cereales) y aposentos para los frailes Calzada y Gutiérrez. También había chozas de adobe, con puertas y ventanas, para las familias neófitas. Además había talleres de herrería, tejido y elaboración de cestas, y una caseta para los soldados.

DESTREZAS Y COSECHAS

Aunque la Misión de Santa Inés era más pequeña que las demás misiones, producía bienes en abundancia. Los frailes les enseñaron a los neófitos varios oficios y además les permitieron seguir utilizando sus propias destrezas en la misión. La comunidad de frailes y neófitos cosechó varios cultivos, como trigo, cebada, maíz y frijoles. Con el transcurso de los años, la misión aumentó la cantidad de ganado que criaba, como reses, ovejas, caballos, mulas y cerdos. El almacén de la misión estaba lleno de los distintos tipos de artículos que se elaboraban allí: cueros curtidos de animales, velas y jabones de sebo, ropa de lana tejida y productos lácteos. Los neófitos aprendieron a hacer hermosas sillas de montar decoradas con plata. Gracias a sus habilidades, la misión se hizo famosa por sus artículos de cuero y metal.

EL TERREMOTO DE 1812

Casi todas las edificaciones de la Misión de Santa Inés se habían concluido a comienzos de la década de 1800. Sin embargo, estas estructuras no permanecieron intactas por mucho tiempo. En 1812 un fuerte terremoto sacudió la misión, destruyó la iglesia y causó graves daños a los demás edificios. Los frailes estaban decididos a

El terremoto que sacudió la Misión de Santa Inés en 1812 dañó muchas edificaciones, incluyendo el molino. Sus ruinas pueden verse en esta foto.

reconstruirla. Para 1813, se completó un *monjerío,* o aposentos para las muchachas solteras; así como también se terminó otro granero, el cual fue usado como sitio de congregación religiosa temporalmente hasta que se construyó la nueva iglesia. La construcción de esta iglesia no comenzó sino hasta 1814.

El 4 de julio de 1817, la comunidad misionera celebró la inauguración de su nueva iglesia. Ese día las tres campanas de la torre tocaron sin cesar. Se necesitaron dos años para completar el exterior de la iglesia. Las paredes de adobe medían de 5 a 6 pies (1.5 a 1.8 m) de ancho para que fueran lo más resistentes posible. Las vigas estaban hechas de pino proveniente de la cercana montaña Figueroa. Encima del santuario, el techo era de madera pintada.

DECORACIÓN

Al igual que en las anteriores misiones, el diseño de Santa Inés tenía forma de cuadrángulo, lo cual significa que todos los edificios formaban un cuadrado alrededor de un patio central. Los neófitos decoraron el interior usando las mismas pinturas utilizadas por los *chumash* durante siglos: las rocas y minerales que les servían para hacer sus pictogramas. También agregaron hierbas, raíces y bayas para crear nuevos colores y pintar las decoraciones en forma de vides, cestas, floreros e, incluso, mármol.

Los pisos de la iglesia eran de baldosas hechas a mano por los neófitos. Algunas tienen impresas huellas de niños y animales, demostrando que caminaron sobre las baldosas antes de que estuvieran completamente secas.

CARACTERÍSTICAS GENERALES DE LA MISIÓN

Cerca de la iglesia había un cementerio y junto a este, a un lado de la plaza, quedaban las viviendas de los frailes, con sus habitaciones, oficinas, salones y cuartos para visitantes, así como un monjerío. En los otros lados de la plaza había talleres, graneros, establos y almacenes. Todos los miembros de la comunidad misionera se reunían en el centro de la plaza, en donde había una fuente. Era allí donde celebraban sus festivales, jugaban, cantaban y bailaban.

Un edificio de ladrillos, usado para bañarse y lavar, quedaba frente a la misión. A un lado estaban los jardines y huertos; y al otro, había chozas y casas donde vivían los neófitos.

La misión se surtía del agua de las montañas. La comunidad cavó zanjas para construir un acueducto. Este acueducto transportaba el agua desde las montañas hasta la sede de la misión.

Cuando se terminó de construir la iglesia, la comunidad de la Misión de Santa Inés creció rápidamente. Las manadas de reses y los rebaños de ovejas aumentaron. La misión estaba construida en un valle tan hermoso que fue apodada "la Joya Escondida". Aun así, la Misión de Santa Inés tenía pocos visitantes, porque estaba lejos de los caminos principales y era difícil llegar hasta ella. Por esta razón, cuando llegaban visitantes, tanto los frailes como los neófitos los recibían con canciones, bailes y celebraciones. Todos en la misión se reunían en la puerta de entrada para darles la bienvenida.

6
La vida diaria en la misión

La vida de los neófitos en la Misión de Santa Inés era igual a la que llevaban los otros neófitos en el resto de las misiones. Las campanas eran parte importante del sistema misionero; y la Misión de Santa Inés tenía tres. La primera fue forjada en 1804, la segunda en 1808 y la última en 1818. Cada día al amanecer, las campanas de la iglesia despertaban a quienes vivían en la misión, llamándolos a la iglesia. Luego de las oraciones y la misa matutinas, se sentaban a desayunar atole o gachas de maíz, los que se servían en casi todas las comidas. Al terminar seguían las labores de la mañana.

TRABAJO Y LABORES

En la Misión de Santa Inés, los hombres se encargaban de construir los edificios y trabajar en los campos de cultivo. Además aprendían varios oficios, como a curtir pieles, hacer zapatos y forjar el hierro. Las mujeres y las niñas, por otra parte, aprendían a tejer según la tradición española, usando grande telares; y pasaban buena parte del día haciendo mantas, sábanas, manteles, toallas y servilletas. También hacían elaborados tapices para colgarlos en las paredes de la misión, y realizaban otras tareas como ayudar en las cocinas y limpiar. Los muchachos por lo general transcurrían las mañanas escuchando las lecciones de los frailes sobre cristianismo o haciendo sus propias labores. Los frailes les enseñaron a los muchachos

indígenas a leer y escribir, tanto en español como en latín. Pensaban que de esta manera los neófitos los ayudarían a comunicarse con los demás indígenas que no habitaban en la misión, y que entenderían mejor la Biblia.

A mediodía las campanas interrumpían el trabajo de todos para almorzar. En el almuerzo generalmente se comía *pozole*, un guisado de maíz con frijoles, vegetales y carne. Los neófitos, luego, dormían la *siesta* hasta las dos de la tarde, antes de ponerse a trabajar otra vez.

Los hombres pasaban el resto del día construyendo o trabajando en los campos de cultivo; y además cuidaban los caballos, reses y cabras. Cuando terminaba la época de cosecha, hacían ladrillos de adobe o baldosas para usarlos en las nuevas construcciones. Las mujeres continuaban su día tejiendo, preparando comida en las cocinas o lavando.

HORA DE DESCANSAR

Al caer el sol, las campanas indicaban el fin de la jornada laboral y se servía la cena. Después de cenar, quedaba un poco tiempo para jugar o dedicarse a otros pasatiempos antes de que sonaran las campanas llamando a las oraciones de la noche. Uno de los juegos que entretenía a los *chumash* era el *tikauwich,* o brillante. Era parecido al hockey y se

Esta es una ilustración de la banda musical formada por fray Durán en la Misión de San José. Durante los festivales o en ocasiones especiales, todos se reunían para celebrar con música y bailes.

jugaba con dos equipos, en un gran campo al aire libre.

Nadie trabajaba los domingos o feriados. Esos días, los neófitos eran libres de hacer lo que quisieran después de la misa de la mañana o las oraciones del mediodía. A veces se les permitía visitar sus aldeas, pero solo cuando recibían la autorización de los misioneros.

La misión estaba dedicada a Santa Inés; así que en el *Día de Santa Agnes* se celebraba uno de los festivales más importantes. Se hacían carreras de caballos y corridas de toros en una gran plaza abierta.

CRECER EN LA MISIÓN

Las vidas de las niñas y los niños neófitos eran muy diferentes. A los once años, las niñas debían separarse de sus madres para irse a vivir y trabajar en el monjerío. Cuando terminaban de trabajar, se les permitía visitar a sus familias. Sin embargo, de noche permanecían encerradas en sus dormitorios, protegidas por soldados para asegurarse de que nadie saliera ni entrara de estos. Hasta que se casaban, las muchachas y las mujeres vivían en el monjerío bajo una estricta supervisión.

Por el contrario, a los niños neófitos no los encerraban por las noches ni se les obligaba a permanecer en un sitio durante el día. Los frailes les enseñaban a tocar las campanas, cantar en el coro o tocar el violín. Tenían una mayor libertad y por esa razón eran más felices en la misión.

UNA NUEVA FORMA DE VIVIR

La rutina diaria era muy diferente a la vida que llevaban los neófitos anteriormente. Cuando los misioneros acudieron a ellos por primera vez, los indígenas no podían prever que perderían su libertad, serían obligados a dejar su forma de vida y tendrían que vivir dentro de las misiones. Algunos sentían que eran prisioneros.

El descontento surgió entre los neófitos y muchos trataron de escapar; pero los soldados los perseguían, los llevaban de regreso a la misión y los castigaban severamente. Otros neófitos, sin embargo, se quedaban por voluntad propia. Las misiones intentaban proteger a los neófitos de los traficantes y otros colonos que no tenían ningún respeto por su vida; aunque sus métodos para cuidarlos no siempre fueron amables.

Los frailes deseaban proteger a los neófitos de la crueldad de otros, pero no siempre pudieron hacerlo. Incluso, con el transcurso del tiempo, algunos frailes se volvieron violentos con los indígenas. Las crueles acciones de muchos europeos y las enfermedades que llevaban consigo afectaron a muchos nativos.

7
Tiempos difíciles

Los daños causados por el terremoto de 1812 fueron pequeños en comparación con los que ocasionaron las rebeliones y el contagio de enfermedades. La población de la misión descendió a medida que continuaba el trabajo, por varias razones diferentes.

ENFERMEDADES Y EPIDEMIAS

Enfermedades como el sarampión, varicela y viruela eran desconocidas para los indígenas antes de la llegada de los europeos, quienes llevaban los gérmenes consigo sin saberlo. La población nativa no había desarrollado la inmunidad para combatirlas, así que muchos indígenas murieron. La cantidad de neófitos y nativos de la zona disminuyó considerablemente. A principios de la década de 1800, una epidemia de sarampión se extendió por todas las misiones de Alta California, causando incontables muertes entre neófitos y nativos californianos. La Misión de Santa Inés también sufrió pérdidas en esa época, así como en la década

Joseph Chapman fue un antiguo pirata que luego se casó con una mujer nativa y trabajó en la Misión de Santa Inés.

de 1820, cuando hubo una epidemia de difteria.

PIRATAS

Otro problema que afectó a las misiones a lo largo de la costa californiana fueron los ataques del corsario Hipólito Bouchard, en 1818. Bouchard había nacido en Francia y trabajaba para Argentina. Se dedicó a aterrorizar a los colonos de los territorios españoles y a amenazar a los soldados en los presidios. Aunque la Misión de Santa Inés no sufrió el ataque directo de Bouchard y sus hombres, uno de ellos tuvo importancia para la misión. Su nombre era Joseph Chapman y había acompañado a Bouchard en las incursiones contra las misiones y los soldados en las costas de Alta California. Sin embargo, después de saquear o tomar por la fuerza una hacienda cerca de Santa Bárbara, Chapman y algunos de sus compañeros fueron capturados y encarcelados. Tras su liberación, Chapman cambió de vida, eventualmente se casó con una neófita de la misión y comenzó a trabajar en Santa Inés. La misión se benefició de sus habilidades para cultivar viñedos y construir. En 1821, Chapman construyó un batán para procesar la lana y hacerla más suave.

PASCUALA

En la historia de la misión hay una leyenda sobre una muchacha llamada Pascuala, quien salvó a la misión de un ataque de los *tulares*. Pascuala era una neófita de la tribu yokut y llevaba varios años viviendo con sus padres en la Misión de Santa Inés. Un día de 1824, mientras trabajaba en los campos de cultivo, su padre fue atacado y asesinado. Ella y su madre fueron apresadas por los *tulares*, quienes luego también mataron a su mamá. Cuando Pascuala se enteró de lo que harían los *tulares* con la misión, se escapó. Durante varios días, recorrió tierras rocosas hasta toparse con fray Francisco Xavier Uría, quien preparó

En 1824 hubo rebeliones en las misiones de Santa Inés, Santa Bárbara y La Purísima Concepción.

a los soldados para atacar. Aunque se dice que Pascuala murió poco después, también se cree que siguió viviendo en la misión donde está enterrada.

ENFRENTAMIENTOS Y REVUELTAS

Otro problema grave para la misión era el temor a las revueltas. Las condiciones de vida y el trato que recibían los neófitos llevaron a muchos de ellos a tratar de escapar. Los frailes hacían lo posible por aliviar las tensiones y mantener contenta a la gente; pero pronto el abuso de los soldados y el descontento se hicieron imposibles de manejar. Cuando México se independizó de España en 1821, hubo una rebelión encabezada por neófitos en las misiones de Santa Inés, La Purísima Concepción y Santa Bárbara. En febrero de 1824, ocurrió el mayor levantamiento de neófitos en la historia de las misiones.

El problema había ido empeorando desde el comienzo de la guerra de independencia entre México y España en 1810. España gastó tantos recursos combatiendo en esta guerra que ya no podía mantener las misiones, como había hecho hasta entonces. Por lo tanto, los soldados de las misiones no recibían sus salarios ni provisiones regularmente; pasando a depender de las misiones para alimentarse, vestirse y obtener suministros. Los neófitos cada vez tenían que trabajar más, sin recibir ninguna paga; y debían producir todo lo que necesitaban los soldados. Para empeorar las cosas, los soldados maltrataban a los trabajadores. Por supuesto, esto perjudicaba aún más a los *chumash*. Cuando México consiguió su independencia, los neófitos tuvieron que trabajar para el ejército mexicano y las condiciones empeoraron.

En febrero de 1824, los neófitos *chumash* de la Misión de La Purísima Concepción fueron de visita a la Misión de Santa Inés. Estando allí, uno de los neófitos visitantes fue azotado por un soldado español. Los *chumash* estaban furiosos y un grupo de mil neófitos atacó la Misión de Santa Inés con arcos, flechas y fuego. Los neófitos descargaron su rabia contra los soldados y no con los frailes, que eran amables con ellos. Los frailes fueron tratados con respeto y afecto, porque los neófitos no querían hacerles daño. Sin embargo, algunos frailes decidieron irse, temiendo por sus vidas.

Los enfrentamientos en la Misión de Santa Inés duraron menos de una semana. El conflicto se propagó a las misiones de La Purísima Concepción y de Santa Bárbara. Solo cuando los soldados del presidio de Santa Bárbara llegaron fue posible sofocarlo. Debido al levantamiento, muchas personas murieron y varias edificaciones fueron incendiadas y quedaron inservibles. La Misión de La Purísima Concepción fue la más afectada de todas y su población de neófitos disminuyó tras la revuelta.

8
Secularización

Aunque la independencia de México fue celebrada por las personas que habían luchado tanto para conseguirla, el cambio de poder de España a México tuvo un efecto desastroso para las misiones californianas. Las medidas tomadas, entre las décadas de 1820 y 1840, amenazaron el sistema misionero y afectaron las vidas de todos los involucrados.

LEY DE SECULARIZACIÓN

En 1834, el gobierno mexicano aprobó la Ley de **Secularización**. Esta ley establecía que las misiones ya no pertenecían a la Iglesia católica, y los misioneros ya no podían convertir a los indígenas al cristianismo. En cambio, las misiones se utilizarían únicamente para preservar la fe cristiana, convirtiéndose en iglesias para la comunidad. Los frailes que quisieran vivir allí debían hacer un juramento de lealtad a México. De lo contrario, eran enviados de regreso a España y sustituidos por sacerdotes mexicanos.

Las misiones se convirtieron en *pueblos* y parroquias, y los neófitos eran libres de marcharse. El plan era que una mitad de las tierras se dividiera entre los neófitos y la otra mitad se utilizara para la agricultura y otras necesidades comunes. En cambio, la tierra se les cedió o vendió ilegalmente a los hacendados mexicanos. Muchos neófitos no entendían el concepto de propiedad de un terreno, porque pensaban que la tierra debía ser de todos. Para ellos, poseer un trozo de tierra era tan ridículo como poseer un trozo de cielo.

Muchos neófitos regresaron a sus aldeas en las montañas o fueron a trabajar en las haciendas, a cambio solamente de alojamiento y comida. Otros se quedaron en las misiones porque no tenían otro lugar a donde ir. Sus aldeas ya no existían. Sus hábitos de caza y recolección se habían perdido. Sus rituales ceremoniales y su idioma estaban olvidados. Sin una cultura propia, muchos neófitos no tenían los medios para llevar en libertad una vida mejor de la que habían tenido en las misiones.

Diez años después de su secularización, la Misión de Santa Inés se convirtió en un seminario.

SECULARIZACIÓN DE LA MISIÓN DE SANTA INÉS

La Misión de Santa Inés fue secularizada en 1834. La mayoría de los neófitos se marcharon, molestos con la forma en que el Gobierno mexicano los trataba. En 1844, la Misión de Santa Inés se convirtió en un seminario o escuela de sacerdotes, llamado Nuestra Señora del Refugio. Siguió funcionando hasta 1881. En el siglo XX, la misión pasó por un proceso de restauración y preservación que la transformó en el sitio, que conocemos en la actualidad, donde se conserva la herencia de las misiones.

Hoy en día, la Misión de Santa Inés es un monumento nacional y un popular destino turístico.

9
La Misión de Santa Inés hoy en día

Luego del cierre del seminario de Nuestra Señora del Refugio, la misión se concentró en las necesidades de la comunidad y siguió atendiendo a las familias del área como iglesia parroquial. En 1884, el padre Michael Lynch, sacerdote a cargo de la misión, invitó a la familia Donahue a vivir allí. El señor Donahue era carpintero y, junto con sus hijos, hizo las primeras reparaciones de la edificación.

RESTAURACIÓN

En 1904, se inició un gran proyecto de restauración, de veinte años, bajo la dirección del padre Alexander Bucklet, a cargo de la iglesia en esa época. El padre Bucklet contó con la ayuda de su sobrina, Mamie Goulet, quien dedicó ese tiempo no solo a restaurar los artefactos de la misión, sino también la colección única de las vestimentas de los frailes, exhibida actualmente en la misión. Recabadas principalmente de las misiones de Baja California, estas vestimentas fueron hechas con materiales finos como sedas, satenes y damascos, y datan desde principios del siglo XV hasta el siglo XVIII.

En 1911 la misión se vio afectada por fuertes lluvias que derrumbaron el campanario. Sin embargo, fue reconstruido rápidamente con la ayuda de los colonos establecidos en el vecino pueblo de Solvang. En 1924, la misión fue transferida a los **franciscanos** capuchinos, quienes en la actualidad cuidan los jardines y atienden la iglesia.

LA MISIÓN EN LA ACTUALIDAD

Hoy en día, la Misión de Santa Inés es una de las misiones españolas mejor conservadas de los Estados Unidos. Las planicies bajas donde una vez crecieron sus huertos ahora son campos de trigo. El acueducto instalado por los neófitos para que la misión recibiera agua desde las montañas aún puede verse. En una reservación *chumash* cercana, los descendientes de los neófitos de la misión se encargan de redescubrir y conservar su cultura.

Algunas de las edificaciones construidas por los frailes y los neófitos siguen en pie: la iglesia de adobe (reconstruida en 1817), el monjerío y la aldea de los neófitos. Dentro de ellas pueden observarse ejemplos de los objetos de arte y artesanía hechos por los neófitos.

Actualmente, estas edificaciones restauradas están en tan buenas condiciones que el Comité Nacional de Monumentos designó sitio histórico a la Misión de Santa Inés. Será conservado para que las futuras generaciones lo visiten y puedan conocer las vidas de los frailes y los neófitos de las misiones de California.

La Misión de Santa Inés y el resto del sistema misionero californiano cambió la forma en que cientos de indígenas vivían y veían su mundo. Si bien esto tuvo un impacto negativo y dañó muchas culturas, el sistema también introdujo numerosas técnicas, incluyendo la agricultura y la arquitectura, que convirtieron a California en lo que es hoy. Las misiones ofrecen una perspectiva única sobre uno de los periodos de mayor transformación del pasado de California.

10

Haz una maqueta de la misión

Para hacer tu modelo de la Misión de Santa Inés, vas a necesitar:

- una lámina de cartón pluma
- pega blanca
- follaje
- campana en miniatura
- pincel
- lápiz
- pintura de color rojo
- una regla
- alambre
- malla de jardinería

INSTRUCCIONES

Se recomienda la supervisión de un adulto.

Paso 1: Para hacer la base y el techo de la misión, corta ocho trozos de malla de jardinería que midan 12" x 2" (30.5 cm x 5 cm).

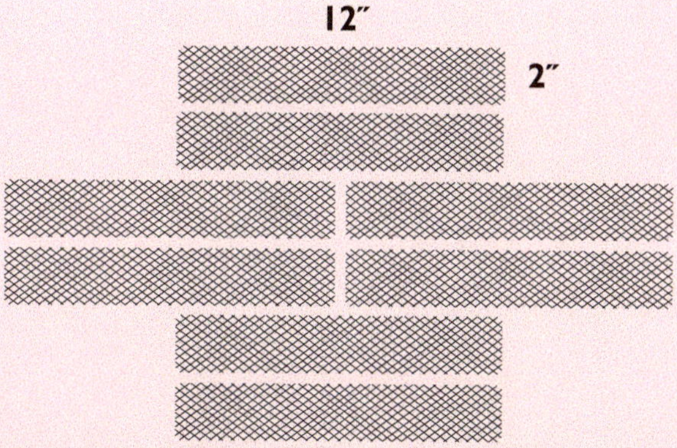

Paso 2: Usa el alambre para unir cuatro trozos de la malla de jardinería en un cuadrado plano. Repite este paso para hacer otro cuadrado.

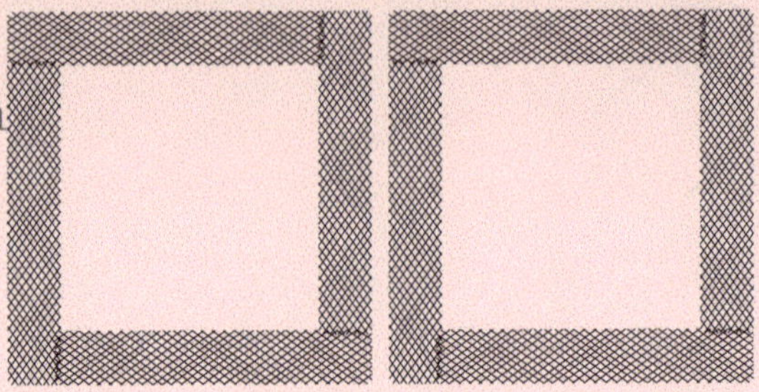

Paso 3: Corta dos trozos de malla de jardinería que midan 12" x 3 (30.5 cm x 7.6 cm). Estas serán las paredes laterales de la misión.

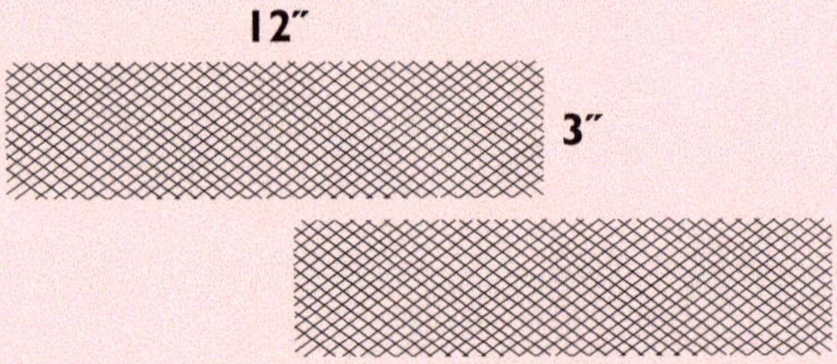

Paso 4: Pega uno de los rectángulos de malla de jardinería de 12" x 3 (30.5 cm x 7.6 cm) perpendicular a uno de los lados de 12" (30.5 cm) de la base. Pega el otro rectángulo de 12" x 3 (30.5 cm x 7.6 cm) del lado contrario.

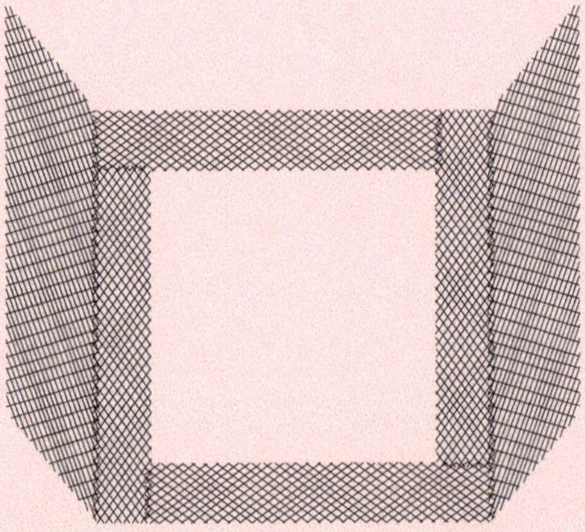

Paso 5: Corta ocho trozos de malla de jardinería que midan 2" x 3" (5 cm x 7.6 cm). Dale forma curva a cada trozo para que parezcan columnas de 3" (7.6 cm).

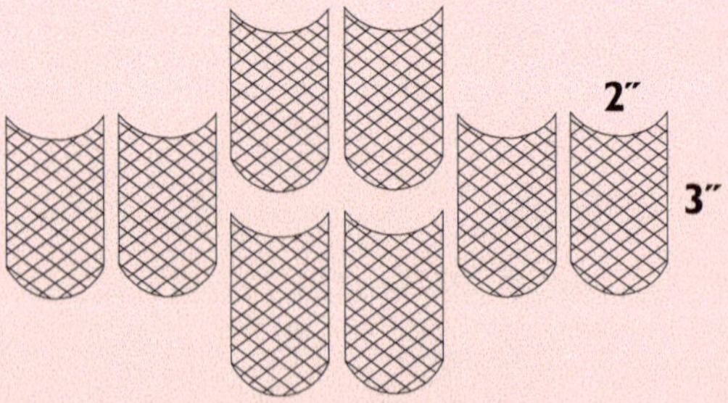

Paso 6: Pega una de las columnas a la parte izquierda del frente de la misión. Pega otra columna a 6" (15.2 cm) del otro lado. Pega dos columnas más, dejando la misma distancia entre ellas.

Paso 7: En la parte de atrás de la misión, pega las otras cuatro columnas, dejando la misma distancia entre ellas.

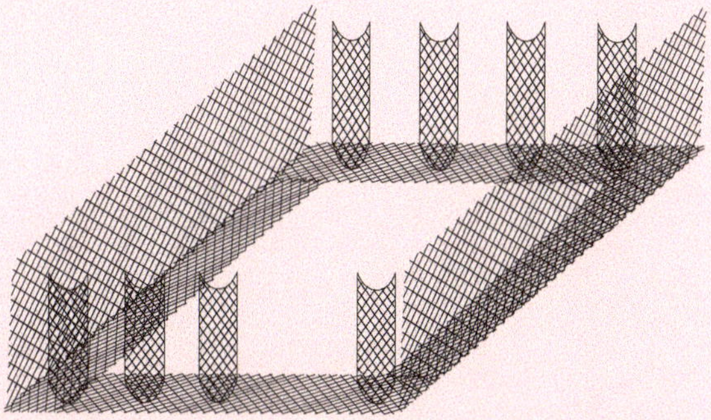

Paso 8: Corta una pieza de malla de jardinería que mida 4" x 3" (10.1 cm x 7.6 cm). Este será el frente de la iglesia.

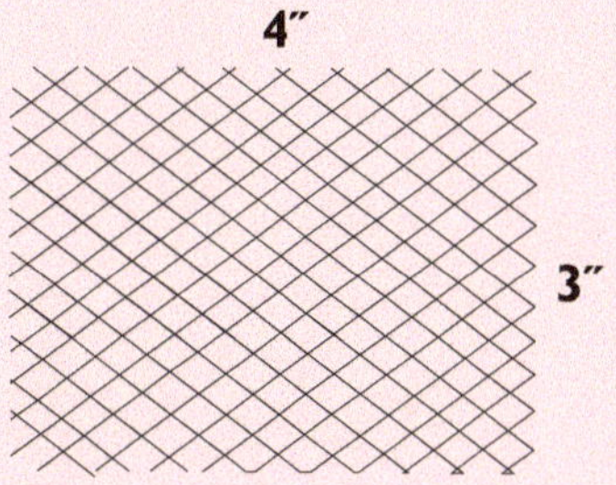

Paso 9: Recorta la pared del campanario de la malla de jardinería. Este trozo debe medir 3" x 6" (7.6 cm x 15.2 cm). Decora la parte superior del campanario y pega una cruz de alambre en la punta.

Paso 10: Pega la pared del frente y la pared del campanario al lado derecho de la base de la misión. La pared del campanario debe quedar en el extremo derecho. Usando un trozo de alambre, pega una campana en miniatura en el campanario.

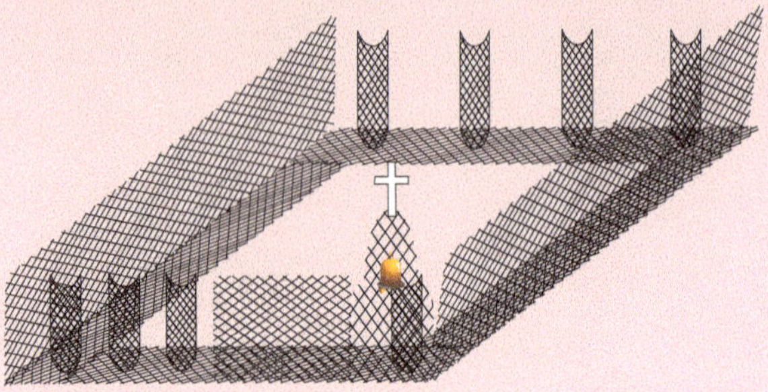

Paso 11: Usando alambre, une los trozos del techo a la misión.

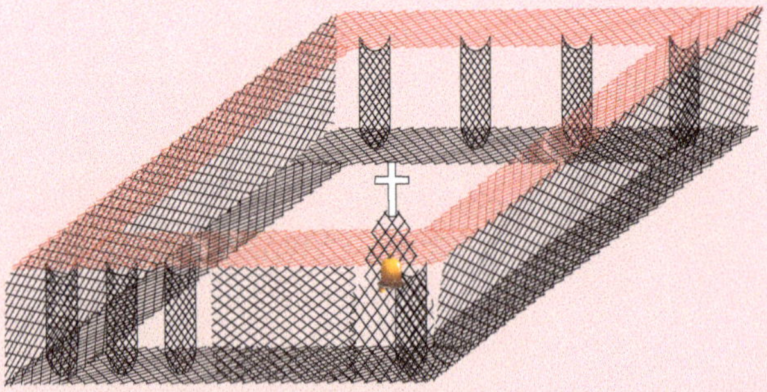

Paso 12: Pinta el techo de rojo. Deja que se seque.

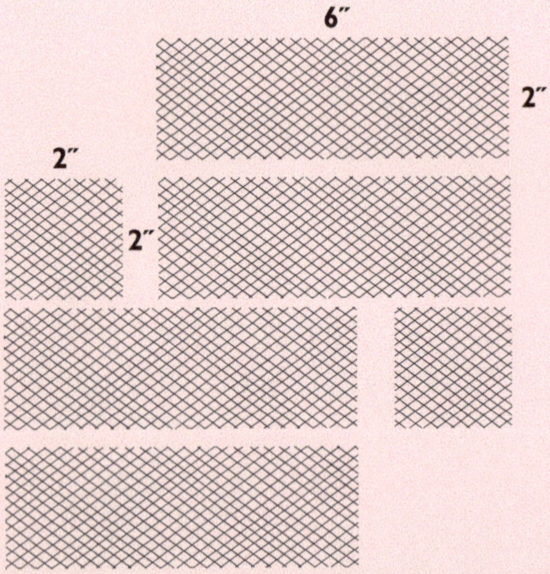

Paso 13: Para hacer los talleres, de la malla de jardinería corta dos trozos que midan 2" x 2" (5 cm x 5 cm) y cuatro trozos que midan 6" x 2" (15.2 cm x 5 cm).

Paso 14: Usa el alambre para unir estos trozos y darle forma de caja.

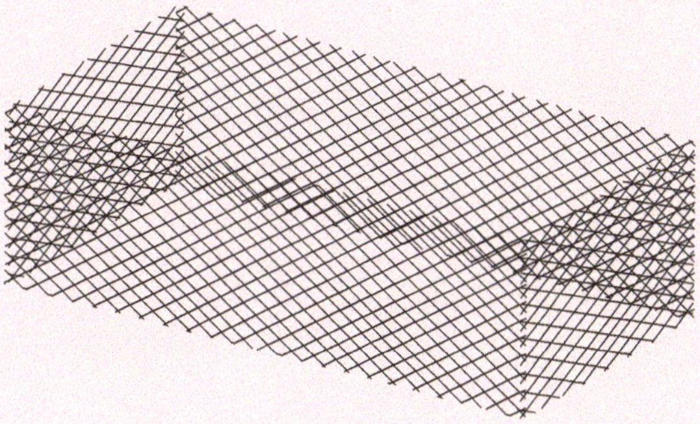

Paso 15: Usando la lámina de cartón pluma como base, pon todas las edificaciones encima. Decora la misión con flores y árboles.

El modelo de la Misión de Santa Inés ya terminado.

Fechas clave en la historia de las Misiones

1492	Cristóbal Colón llega a las Indias Occidentales
1542	Expedición de Cabrillo a California
1602	Sebastián Vizcaíno navega hasta California
1713	Nace fray Junípero Serra
1769	Fundación de San Diego de Alcalá
1770	Fundación de San Carlos Borromeo del Río Carmelo
1771	Fundación de San Antonio de Padua y San Gabriel Arcángel
1772	Fundación de San Luis Obispo de Tolosa
1775-76	Fundación de San Juan Capistrano
1776	Fundación de San Francisco de Asís
1776	Se firma la Declaración de Independencia de Estados Unidos

1777	Fundación de Santa Clara de Asís
1782	Fundación de San Buenaventura
1784	Muere fray Junípero Serra
1786	Fundación de Santa Bárbara
1787	Fundación de la Purísima Concepción
1791	Fundación de la Santa Cruz y Nuestra Señora de la Soledad
1797	Fundación de San José, San Juan Bautista, San Miguel Arcángel y San Fernando Rey de España
1798	Fundación de San Luis Rey de Francia
1804	Fundación de Santa Inés
1817	Fundación de San Rafael Arcángel
1823	Fundación de San Francisco Solano
1833	México aprueba la Ley de Secularización
1848	Se descubren yacimientos de oro en el norte de California
1850	California se convierte en el trigésimo primer estado

Glosario

adobe: Ladrillos secados al sol y hechos de paja, barro y a veces estiércol.

amuleto: Objeto utilizado para atraer la buena fortuna y alejar la mala suerte.

asentamiento: Pequeña aldea o grupo de casas.

colonizadores: Personas que se establecen en una nueva tierra.

conquistador: Aventurero o colonizador, especialmente uno de los colonizadores españoles del Nuevo Mundo en el siglo XVI; por lo general, un soldado que va a un país a asumir el control de este o a conquistarlo.

convertir: Hacer que alguien cambie de creencias religiosas.

dialecto: Acento o manera diferente de hablar un determinado idioma.

fraile, fray: Hermano de una orden religiosa comunal. Los frailes también pueden ser sacerdotes.

franciscano: Fraile perteneciente a la orden franciscana, fundada por san Francisco de Asís en 1209.

imperio: Territorio muy extenso dominado por un gobernante.

mártir: Persona condenada a muerte o sometida a sufrimiento debido a sus creencias religiosas.

neófito: Persona que se ha convertido a otra religión.

paja: Tallos de gramínea usados para construir un techo o cobertura.

parroquia: Área con su propia iglesia y ministro o sacerdote.

secularización: Procedimiento mediante el cual las tierras de las misiones dejaron de pertenecer a grupos religiosos.

Guía de pronunciación

atole (ah-TOL-ay)

chumash (CHOO-mahsh)

el Camino Real (El kah-MEE-no RAY-al)

fray (FRAY)

monjerío (mohn-hay-REE-oh)

pozole (poh-ZOHL-ay)

pueblos (PWAY-blohs)

siesta (see-EHS-tah)

Para más información

Si deseas mayor información sobre la Misión de Santa Inés y las misiones de California, dale un vistazo a estos libros, vídeos y sitios web:

LIBROS

Gendell, Megan. *The Spanish Missions of California.* New York, NY: Scholastic, 2010.

Gibson, Karen Bush. *Native American History for Kids.* Chicago, IL: Chicago Review Press, 2010.

Rosinsky, Natalie M. *California Ranchos.* Capstone: Edina, MN, 2006.

Weber, Matt. *California's Missions A to Z.* San Francisco, CA: 121 Publications, 2010.

VÍDEOS

"Missions of California: Padre Junípero Serra"
Producido por Chip Taylor Productions

Descubre la importancia histórica del misionero franciscano Junípero Serra, quien es considerado el fundador de las misiones de California. Mira cómo su liderazgo resultó determinante para la fundación de California, abriendo una página importante de la historia del oeste estadounidense. Pregunta si está disponible en tu biblioteca local o pídelo llamando al 1-800-876-CHIP.

SITIOS DE INTERNET

Centro de recursos sobre las Misiones de California
www.missionscalifornia.com/keyfacts/santa-ines.html

Examina un mapa de 1824 con las misiones de California. Explora una línea temporal interactiva que resalta los hechos importantes en la fundación y el desarrollo de la región que los españoles llamaban Alta California, entre 1768 y 1853.

Recorrido por las Misiones
www.missiontour.org/santaines/history.htm

Aprende más sobre la historia de la Misión de Santa Inés a través de un recorrido virtual. Explora el frente de la misión, el museo, el cementerio, la iglesia, los jardines y la lavandería.

Banda de indígenas chumash de Santa Ynez
www.santaynez*chumash*.org/history.html

Aprende más averca de la tribu *chumash*, quienes alguna vez fueron decenas de miles y vivieron a lo largo de la costa de California. Explora la cultura *chumash* y la Reservación Santa Ynez en el condado de Santa Bárbara.

Índice

Los números de páginas en **negritas** son ilustraciones.